cómo observar

vocales y

consonantes

unas letras espirituales

jaime kurt

unas palabras de

bioconciencia
México/México

Ficha Bibliográfica.
Jaime Kurt. **Vocales y Consonantes**.
USA, Bioconciencia, 2012.
32 p. Primera Edición.
Cerca de 3645 palabras escritas.

Todos los Derechos Reservados © 2012 Jaime Kurt.
All Rights Reserved © Copyright 2012 Jaime Kurt.
ISBN 978-607-95505-5-4

Editado por **bioconciencia**®. **bioconciencia** es una Marca Registrada.

Prohibida su reproducción total o parcial.
Ninguna parte de este libro puede ser traducido, reproducido o grabado en ningún sistema. Tampoco puede ser transmitido, copiado, fotocopiado o grabado en ninguna forma, o a través de cualquier medio digital, electrónico, mecánico, y sobre todo, sin autorización previa por escrito del editor.
Primera Edición de Registro: 2012.
Primera Edición Electrónica: 2012.
Revisión: 2016.

Registrado en INDAUTOR
Instituto Nacional del Derecho de Autor **SEP**
Contactos: www.bioconciencia.net y bioconciencia@live.com.mx

Diseño de Portada: J Rosenfeld.
Algunas imágenes son cortesía de la **o**besidadespiritual ©
Un agradecimiento especial a Hans Rosenfeld por su asesoría en Diseño.
Asimismo a Sandra Cruz Tovar y a www.pixland.com.mx.

Impreso en Estados Unidos de America. Printed in United States of America.

Para mi amada esposa Lulú
con quien juntos hemos tenido el mérito de estudiar
letras y palabras sobre todo de espiritualidad
¡con amor, fe y alegría!

bienvenida
& explicación

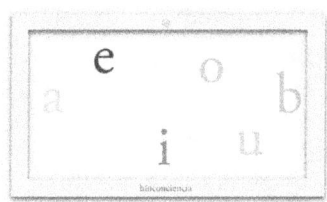

Hola, bienvenido.

Este escrito de bioconciencia trata precisamente de eso de lo escrito. De las palabras y sus letras vocales y consonantes. Del precioso y alegre idioma Español. De la Lengua Sagrada, el Hebreo. Esencialmente es un escrito de bioconciencia, de la esencia de la vida. De la esencia de las letras.

Este escrito es para todo público anhelante de acercarse más a lo espiritual. Inicialmente su concepción fue realizada como una plática de introducción a bioconciencia para estudiantes del idioma Español en los Estados Unidos, en el TSL *Texas School of Languages* de Houston, Texas. Mi agradecimiento a Horacio Pedraza Director de esta institución así como a su esposa la Maestra Patricia Pedraza Coordinadora de Lenguas por su apoyo, invitación y difusión de estas palabras.

Esta serie de escritos (unas palabras de bioconciencia) nace del deseo de compartir y alentar a mis compañeros de viaje, al estudiante, al lector, a conocer un poco más estos temas esenciales, ya sea como un complemento de comprensión a los libros ya publicados o bien como guías simples de acercamiento. Esta serie de publicaciones contienen cerca de 2,200 palabras de alto contenido espiritual.

Las letras, las palabras, los conceptos básicos de espiritualidad, el español, el hebreo y sus enlaces están en estas páginas en estado potencial.

Realmente el tema no requiere de mucha introducción pues la esencia se revela en el escrito mismo y su lectura. La escritura y el habla tienen una importancia esencial en espiritualidad. Con ellas construimos nuestra vida.

Solamente agrego mi deseo continuo que estas páginas te sirvan para observar una vida mejor cumpliendo nuestras tareas pendientes. Más cerca de una conciencia más amplia. Observando de manera elevada las letras, las palabras, la escritura, el habla.

Lo escribo y pronuncio ¡con fe y alegría!

Jaime Kurt

México DF 19 de Agosto del 2012.

secuencia única

o/ lengua escritura y habla

letras y esencia

Escribir en español es realmente un regalo de nuestra biografía, de nuestros ancestros. Escribir y leer en este idioma es un don espiritual si se me permite esta expresión además de ser nuestro vehículo de comunicación primario. En mi caso personal el español es mi "lengua mamá" como sugieren decir algunos especialistas. Hablar, leer, escribir es un don espiritual.

Ahora bien, el poder comunicarse en otro idioma, el hablar otro lenguaje es otro grado de comunicación. Es como tener dos vehículos de comunicación y dos dones. Es realizar la posibilidad de comunicarse con personas de otras lenguas, quienes habitan otros mapas geográficos, con otras costumbres, palabras, pensamientos. Quienes han estudiado un idioma extra inmediatamente reconocen que este estudio es una especie de boleto y visa hacia otro mundo. Algunos escépticos dirían que simplemente se trata de otro país y otro idioma. Y estoy de acuerdo. Además es simplemente cierto y primario.

Para mi percepción, un idioma y sus letras son un vehículo de transferencia al mundo de la persona, a su historia personal y regional. Cada país es un mundo ¡cada persona es un mundo!

En este momento, estamos aquí leyendo en español, gracias al Creador, a nuestros ancestros, a nuestros maestros. En independencia si hablas o lees un segundo idioma, aquí nos encontramos, en estas letras, comunicándonos en español ¡la lengua de Cervantes! O como dirían desde hace muchos años unos amigos de Chicago cuyos ancestros son de habla hispana "...en español, la lengua de la inmensa minoría". *

Estamos en este momento en el mundo del español gracias tal vez a nuestros ancestros.

¡Ah! H E

A propósito, como un ejercicio de Historia Espiritual, pregunto ¿dónde estaban nuestros ancestros hace 50 años? ¿Hace 100, 200, 500 años?

¿Hace 1,000, 2,000 o 3,000 años?

Si deseas puedes detenerte un poco y escribir los lugares y las lenguas que hablaban tus ancestros. Realmente ése es parte del motivo del porqué estamos en estas páginas.

regresión/biotaller

Si tienes el deseo podemos realizar un pequeño ejercicio de regresión y recibir información de este tipo. Hasta que el conocimiento personal y revelado lo permita.

Vamos a una sugerencia práctica.

Toma un libro donde se localicen fechas y

*nota
Esta emotiva frase fue aportada por mis estimados amigos encabezados por Alfonso Hernández organizadores de las "Primeras Jornadas de la Lengua Española Chicago 99 (La Lengua de la Inmensa Minoría)" en Mayo de 1999.

acontecimientos de la humanidad. Un libro de crónicas de la Historia Universal por ejemplo. Ve hacia el pasado deteniéndote en los acontecimientos, fechas y lugares, que te atraigan. Pregúntate dónde estaba tu abuelo, dónde estabas tú cuando nació tu abuelo. Con un poco de ayuda de la sensibilidad, trata de llegar a la conclusión si en ese lugar geográfico y todo su entorno te encontrabas tú también. Si esto resulta complicado para ti, en un principio trata solamente de saber dónde estaban tus ancestros. Inicia con tu fecha y entorno de tu nacimiento, después el de tu papa, entonces el de tu abuelo.

Ve la fecha, obsérvala y decide en cual acontecimiento histórico estabas cerca. Apunta el año, el acontecimiento, el entorno.

Después avanza en ciclos de 25, 50, 100, 200 años como prefieras. Con algo de tiempo, dedicación y sensibilidad puedes llegar a un acercamiento espiritual hasta la *Jerusalem* del Rey David hace cerca de 3,000 años. O un poco más.

Es un buen ejercicio histórico y espiritual. *

el inicio

Ahora, podemos empezar esta regresión de otra forma.

Del principio.

Del inicio.

*nota
En las primeras sesiones de bioconciencia me gusta realizar esta regresión. Trata de asisitir a una sesión y solicita esta regresión/meditación. Es algo muy fuerte e inspirador. Altamente recomendable.

Desde el punto de vista espiritual con base en los 5 Libros de Moshéh el inicio en la Biblia es:

Génesis 1

"En el comienzo creó Dios los cielos y la tierra…".
Como está escrito en Génesis.
Luego vendrían el Big Bang, Eras de Hielo, Dinosaurios etcétera.
Ese es el principio espiritual.

Hay otro Libro Sagrado, conocido como fundamental del conocimiento místico titulado El Libro de la Formación, *sefer yetziráh* en hebreo, en el cual, de su afirmación inicial podemos traducir e interpretar en español que todo lo existente, todo el universo físico se crea:

Libro de la
Formación

"… con 32 (…) las 22 letras hebreas y las 10 *sefirot*…".
Es decir, que todo el proceso de la Creación se realiza con las 22 letras hebreas y las 10 *sefirot*.

En independencia que sabemos y estamos conscientes que en nuestros Libros Sagrados en ambos el contenido y la interpretación de cada una de sus palabras y conceptos son gigantescas, de la traducción simple y literal también podemos obtener información valiosa. La cual nos nutre bien, lo suficiente.

Cuando en el Libro de la Formación, atribuido a Abraham el patriarca, nuestro papá espiritual, afirma que todo el Universo físico se crea:

"… con 32 (…) las 22 letras hebreas y las 10 *sefirot* …"

Significa sencillamente que así es así.

Por límites de este escrito, diremos que las 10 *sefirot* son estos grandes transformadores de energía a través de los cuales el Creador es gradualmente auto-restringido para regalarnos este universo físico que observamos y experimentamos, vivimos. O sea que la Luz del Creador se va empequeñeciendo a través de estos 10 "reguladores" para que podamos acceder a ella. Escenario en el cual estamos actuando, escribiendo, leyendo.

Sea escrito de otra forma. Este universo físico observable es tan sólo una parte de una parte de una parte de la Realidad Espiritual.

A la manera de un folder de información que es parte de otro folder y de otro, y de un directorio y este

14 | **32 es 22 más 10**

directorio está dentro de otro y así ...y así...

10 sefirot/bioconciencia

El mundo físico donde vivimos es parte de los mundos espirituales.

Para su estudio, la Creación es explicada por nuestros Sabios con el nombramiento de la serie de estas 10 *sefirot*.

En español no hay una traducción que se acerque tan siquiera a su aspecto más literal. Es un concepto espiritual muy elevado.

En hebreo *sefirot* la palabra incluye una serie de

conceptos como: libro, texto, números enumerar contar, narración, comunicación. Algunos escritores antiguos le han agregado el concepto de la esfera.

Las 10 *sefirot* son los 10 formadores esenciales. Interfaces para recibir el influjo espiritual.

Bien, hasta aquí las 10 *sefirot*.

las 22 letras

Ahora acerquémonos a las 22 letras hebreas.

El alefato del hebreo consta precisamente de 22 letras esenciales. Vamos a tomarnos la libertad en este párrafo de decir que incluye 22 consonantes y 5 vocales. Es una lengua que se lee y se escribe de derecha a izquierda y de arriba para abajo.

letra bet

Es un movimiento opuesto a la costumbre de quienes tenemos como lengua materna, alguna que haga uso de caracteres latinos como lo es el español.

La segunda característica de este Lenguaje Sagrado repetimos es esta dirección de derecha a izquierda.

Una tercera característica es que en Lenguaje Sagrado, en la Toráh por ejemplo, no se usan vocales, solo "consonantes".

Por ejemplo:

שלום ←

fonética español → shalom

paz

No se escriben vocales.

En lenguaje popular, simple, para facilitar la lectura se escriben las vocales pero generalmente debajo o arriba de las "consonantes" o letras esenciales.

שָׁלוֹם ←

La sensación visual de las vocales debajo de las consonantes, se aprecia en el siguiente ejemplo en español:

→hblr
 a a

Aquí puedes notar este efecto de unión de vocales y consonantes.

Para resumir este apartado mencionaremos que desde la óptica espiritual, las letras hebreas son bloques de formación espiritual, de transferencia de energía de la fuerza vital. Cada letra hebrea es un bloque de formación construcción y transferencia.

ב ←

letra bet

lo espiritual / lo material

En espiritualidad algo básico es acercarnos a la idea de que el humano, la humanidad estamos formados con un cuerpo y un alma. Afortunadamente, parece que esta noción es aceptada por casi todos, por lo menos en esta parte del mundo occidental. Al menos en una gran parte del mundo del español.

Desde lo espiritual el humano es formado por un cuerpo y un alma. Lo sabemos por el texto de Génesis, donde se afirma que el Creador insufló por la nariz de *adam* esa alma un *nishmat jayim*.

La palabra original en Hebreo es *nishmat* y de ahí viene parte del origen del concepto de alma, de lo espiritual. A *adam* se le insufló un espíritu, afirma la traducción.

nishmat es una palabra como todas las utilizadas en nuestro Libro Sagrado esencialmente los 5 Libros de Moshéh que incluye una serie de conceptos compactados.

Así tenemos que alma está ligada con: espíritu, viento, vida alma. Para una mayor referencia favor de visitar el blog de bioconciencia.com en definiciones.

Afirman los Sabios que un cuerpo no puede vivir sin alma. Es más, es el alma el conector que recibe y reparte la fuerza vital a nuestra existencia. Es el alma y nuestra relación con ella la que le da sentido a nuestra vida.

alma y cuerpo

Parte de nuestra vida la decidimos por esta relación, ya sea a nivel consciente con información muy clara o tan solo a través de un poco de datos percibidos como lejanos. Nuestra existencia se debe a lo espiritual. Todo depende de lo espiritual y en cualquier lugar hay una relación que implica alma y cuerpo, espíritu y materia, positivo y negativo, luz y oscuridad. Todo en este universo físico, está en relación con algo. Todos estamos en relación. Todos estamos comunicándonos recibiendo y compartiendo. La existencia, la vida en este universo físico se debe en parte a esta relación. Pero acerquémonos más a la esencia de estas palabras. A la escritura. Al lenguaje. Al habla. A la comunicación. A las vocales y consonantes.

De esta forma, arribamos a lo esencial de este escrito.

las letras en español

El alfabeto de nuestro idioma lo conforman 22 consonantes y 5 vocales. Es un alfabeto de caracteres latinos. Recordemos que todo acto creativo opera de una forma similar al primer acto de la creación "... con 32 ... las 22 letras hebreas y las 10 *sefirot* ..." (*sefer yetzirah*).

Las consonantes del español tienen una relación de similitud con la materia, con el cuerpo, mientras las vocales están relacionadas con el alma, el aspecto espiritual.

Podemos resumir que con la relación alma y cuerpo, donde las vocales son el alma
y
las consonantes son el cuerpo.
Entonces veamos primero esta secuencia de 10 consonantes.

l s n c d l y r s t

¿Qué es esto?

Podemos afirmar que en esta secuencia se encuentra la esencia de un gran mensaje espiritual.

¿Qué significa esto?

¿Es una prueba de lectura para la vista?

¿Es una broma?

Recordemos que la materia no tiene vida propia.

l s n c d l y r s t

Si en el habla simple las consonantes representan la materia el cuerpo entonces podemos deducir que esta secuencia de consonantes no puede existir sin lo espiritual, sin su alma. Las vocales en el habla, representan el aspecto espiritual.

Y sin lo espiritual no hay vida.

Ahora bien, presentemos una secuencia de 10 vocales:

a e e i a e o e e u

De igual forma podemos afirmar que en esta secuencia se encuentra la esencia de un gran mensaje espiritual.

Dicen los Sabios del Zohar, para que algo espiritual se manifieste en toda creación es necesario un recipiente que lo contenga. No hay vida sin alma y cuerpo.

No puede manifestarse lo espiritual sin un recipiente que lo contenga. Es otra máxima de lo espiritual. Es más, es un secreto espiritual guardado por años y revelado con dosis muy cuidadas.

El alma la esencia espiritual necesita un cuerpo. Y un cuerpo adecuado.

Así como es una verdadera bendición el estar en esta vida, en esta existencia, alabando al Creador de todos los mundos, también lo es el poder crear mundos con nuestras palabras. Porque al hablar estamos creando posibilidades y realidades. De igual manera es el darnos cuenta que vida es precisamente eso: lo espiritual/lo material, la conjunción de estos dos opuestos en una unificación. Regresemos al tema.

Las vocales, que representan lo espiritual, necesitan un recipiente, un cuerpo.

Es decir las vocales necesitan aterrizar en las consonantes para que se manifieste una creación.

Así que vamos a leer esta unificación:

l s n c d l y r s t

a e e i a e o e e u

la esencia del yo eres tu

Y percibimos de esta forma que para que algo cobre vida como lo han afirmado los Sabios del Zohar se necesita de esta unión unificación de lo espiritual con la material.

La frase que está cobrando vida es:

la esencia del yo eres tu

Aunque ya está manifestada esta expresión, aún necesitamos de información espiritual para poder obtener una interpretación más elevada.

Ahora, vamos a estudiar más de cerca esta obra hablada.

¿Cuál es la esencia del humano?

Su alma. Su relación con lo espiritual.

¿Cuál es la esencia de todo lo espiritual?

Lo sugerido en nuestro Libro Sagrado:

22 | mi esencia

Levítico 19
v18

"yama alprójimotuyo comoatímismo"

¿Y cuál es el significado práctico de esta sugerencia bíblica?

Es reconocer que el prójimo tiene una chispa del Creador, una chispa espiritual, un alma que debe ser reconocida y respetada.

Así que la esencia de mi yo es en parte reconocer y respetar tu alma.

Reitero.

la esencia del yo eres tu

La esencia de la tarea espiritual de la humanidad también se puede resumir con esta frase y llevarla a la simple práctica. Esta frase es una variación de "yama alprójimo comoatímismo" está incluida en ella.

¿Cómo?

Reconociendo esta chispa espiritual.

Elevarla al otorgar dignidad humana. Respeto.

Al ejercer constantemente la tolerancia.

Tolerarlo.

Ayudarlo. Brindar ayuda al actor humano.

Hay un llamado constante a compartir ayuda. Ya sea en donación de tiempo, conocimiento, dinero, cariño, cuidado, amor.

Y ya que estamos en un ámbito de letras y palabras, invitar a recordar que el habla es un regalo del actor humano.

Es una característica del Mundo Humano con la cual constantemente estamos construyendo nuestras vidas. Esta también es una invitación respetuosa a cerciorarnos que nuestras palabras y todas sus letras, estos bloques formadores de la realidad, contengan los elementos necesarios para construir una mejor vida que la que hoy observamos.

¿De qué manera?

A través de un habla mejorado, elevado, con esencia espiritual.

La sugerencia de los Sabios es que fortalezcamos la oración. La oración puede ser la oración formal como las escritas por el Rey David, o la oración improvisada compuesta por nuestra gratitud y nuestras súplicas personales.

Que podamos pronunciar palabras de constante elevación espiritual.

Cuidando el habla, la escritura, sus letras.

mi esencia

Que juntos arribemos a esa época anhelada por toda la humanidad durante años.

Que logremos unificar el mundo espiritual y el mundo físico de forma continua, para que juntos podamos percibir, observar y elevar el grandioso regalo de las palabras y sus letras.

Unificación, unir, unión son palabras en español que incluyen conceptos como: atar, juntar, convivir.

Y todas ellas provienen del concepto del Uno.

¿Qué es espiritualmente el Uno?

El Creador de todos los mundos y más.

El Amo de todas las esencias.

Quien creó el habla, las palabras y sus letras.

El Creador de la Tierra, el Sistema Solar, la Vía Láctea, todos los Universos observables y más.

Y gracias a Él, estamos hablando en este momento.

¡Que tengas una buena vida!

← אמן

→ amén

amén

unas letras extras

No hay traducción correcta al español de la palabra *amén*. Es de esas palabras de alto contenido espiritual cuya traducción no es posible realizar. Al igual que *selah* de los Salmos. Estudiosos de la *kabaláh* han repetido que por su numerología bíblica podemos aproximarnos a afirmar que se trata de una unificación muy fuerte.

La numerología de *amén* es 91.

Entonces 9 + 1 = 10 = 1.

En español hay un regalo extra. Son las mismas letras que el imperativo de **amar** el cual en este escrito es un recordatorio cálido y respetuoso = ¡amen!

"yama alprójimotuyo comoatímismo"

el autor de estas letras

acerca del autor

El autor de la obesidad espiritual continua escribiendo con ánimo sus temas esenciales.

Jaime Kurt es un profesional de la voz, relacionado con el mundo de las palabras y las letras, muy dedicado al estudio y práctica de la historia y la espiritualidad. Cursó la Licenciatura de Historia y se enfocó especialmente en Israel y el Sagrado Templo de *Jerusalem*. Ha colaborado en diversos medios electrónicos donde generalmente ha sobresalido su cálida comunicación con su auditorio. En Radio y TV, Jaime ha sido voz y conductor de conocidos programas de la Ciudad de México. Su fe, alegría y continua curiosidad científica se ve plasmada en sus amenos textos. Su guión preferido y sugerencia constante es mostrar una Historia Espiritual que sirva al actor humano para acceder a la paz siempre anhelada. Jaime ha sido bien aceptado como autor y promotor de este nuevo concepto de Literatura Espiritual cuyas letras principales es invitar a buscar la esencia de todo y así promover la paz, la tolerancia y la dignidad del ser humano.

Algunas personas pueden estar interesadas en adquirir este libro con propósitos educacionales, comerciales para Instituciones en busca de donativos y/o promocionales. Para información, favor de contactar (bioconciencia@live.com.mx) o ventas especiales (ve@bioconciencia.net).

los libros de bioconciencia

la **o**besidadespiritual
la esencia para vivir ligero

los turistas regresan de nuevo
la libertadespiritual

la suerte de un *hit*
destino y libertadespiritual

david el rey
la historia espiritual

Audios y libros de biomeditación:

Acude por favor a la página de libros nuevos en
www.bioconciencia.com
para conocer los nuevos títulos disponibles, así como los enlaces a las librerías *online* más accesibles.

Esta obra se terminó de imprimir en Mayo del 2016 en los talleres de **create**space (tm) una empresa de Amazon.

Para la elevación del alma de todos aquellos seres cercanos y queridos por nosotros. Recordar con fe.

Pidiendo el consuelo total. Contemplar el saber que continuamente el Creador de todo, nos da lo necesario.

www.ingramcontent.com/pod-product-compliance
Lightning Source LLC
Chambersburg PA
CBHW061316040426
42444CB00010B/2663